Haal-e-Dil

Jaha aap sunenge mere dil ka haal.

Bicky Boro

ISBN 978-93-5610-622-2
© Bicky Boro 2022
Published in India 2022 by Pencil

A brand of
One Point Six Technologies Pvt. Ltd.
123, Building J2, Shram Seva Premises,
Wadala Truck Terminal, Wadala (E)
Mumbai 400037, Maharashtra, INDIA
E connect@thepencilapp.com
W www.thepencilapp.com

Author biography

Bicky Boro is from one of the beautiful states of the North Eastern Region, India. Since childhood, he was always fascinated with Hindi and Urdu literature. Was an ardent novel reader of various Indian writers. Would always find him constructing Sher-o-Shayaris and Poetries. And had a deep desire to translate his thoughts into real objects so that they could reach out to more people of his kind. His priority in life is his mother, there is nothing in his life that can replace his love for his mother from his heart. He is a motivated, pragmatic & industrious being, who knows the value of time, money & work. A go-getter, optimistic & adventurous being who loves challenges only to grow after accomplishing them. He seeks chaos and changes because he knows that constancy hinders one to achieve a better version of oneself.

CONTENTS

Khatt

Mein tumko diye us adhoore khatt ka aakhri panna hoon

Joh kabhi poora nahi ho sakta,

na kabhi bhoola jaa sakta hai.

Aur tum usi adhoore khatt ki pehli shuruwat ho

Jise mein kabhi khatam hone nahi dena chahta,

na kisiko use padhte huye dekhna chahta hoon.

Na-Mumkin Nahi

Duniya gawah hai

pedh ka ek ek patta usse kitna pyaar karti hai

aur uski hariyali uske mohabbat ka saboot bhi dikhati hai.

Lekin zindagi bhar ka saath unko bhi kaha gawara tha,

woh jee bhar ke ek dujhe se pyaar karle yeh unke naseeb me kaha tha.

Pyaar karne ke liye zindagi bhar ka saath ho aisa zaroori toh nahi,

lekin do din me zindagi bhar ki mohabbat luta dena na-mumkin bhi toh nahi.

Boondh

Aisa lagta hai

baarish ki boonde jab zameen se takrati hai

toh ek nayi kahani boonti hai.

'Apni peechli zindagi chor'

'Apni peechli kahani bhul'

Chal parti hai ek nayi sapno ki udaan bharne.

Ae Baarish

Jab saal ki pehli barsaat me khudko bheega hua paya,

yakeen mano dil me ek nayi leher si dour uthi.

'Kuch bhooli bichri yaado ka saamna hua'

'Kuch be-alfaaz khayalo ka hotho se milna hua'

Us thande boondh ne maano jaise kuch kar dikhane ka hosla
jagaya,

mushkilo se bhaagna nahi balqi saamna karna sikhaya.

Ae baarish! Tu yuhi baras, roz baras, hamesha baras.

Kuch ajeeb sa nata hai hum dono me

tere aane se mukammal sa lagne lagta hai yeh jahan humein.

Haq

"Tere bheege uljhe baalo ko
apni ungliyon se suljhane ka
mauka aaj dedo humein."
"Tera haath pakar
kandhe pe siir rakh
jee bhar ke roh lu
yeh haq aaj firse lauta do humein."

Khel

Waise sach kaha tha aapne,
aap kisivi khel me haarti nahi.
Shayad isiliye.
Dil toh haar baithe hi the hum,
ab zindagi bhi haar chuke hai.

Mera Pehla Pehla Pyaar

Woh bin bole sab kuch keh jaati thi,
hawa ke jhoke ki tarah mera hosh ura le jaati thi.
Pata nahi woh pyaar thi yaa mohabbat.
Mera ek khwaab thi yaa koi chahat.
Bas itna pata hai.
Mere inn barhte kadmo ke peeche
hai sirf uski hi ibaadat.

Kya Jaana Zaroori Raha

Dil me kisi dusre ka nahi,

sirf tumhara naam hai.

Khwabo me koi aur nahi,

sirf tumhara saath hai.

Tera haath pakar, duniya ghumne ka iraada tha.

Akho me akhe daal, har raat teri baahon me sone ka sapna tha.

Lekin. . .

Samay hamara na raha.

Saath rehna waqt ko gawara na raha.

Shayad isiliye. . .

Jaana zaroori raha.

Kamzori Yaa Taaqat

Tum humari kamjori na hokar

agar humari taaqat hoti

toh shayad taqdeer ko apna rukh maurna parta.

Tere narm dupatte ke silvato me

hum is tarah lipat jaate

ki saat janmo tak koi humein alag kar na pata.

Kinaara

Kinaara kar liya ab humne khudko
tere yaado ke gehre samundar se.
Ab saath chalna toh hoga
Lekin. . .
Firse teri yaado me doobna
ab is qambakht dil se na hoga.

Khamoshi Kya Hai

Kya khamoshi woh hai ?

Jab tum kuch bol na sako yaa fir tumhara dil kuch bolna naa chahe.

Jab tumhara mann udaas ho aur kuch bolne ki haalat me naa ho.

Lekin. . .

Agar koi aisa mil jaye

joh tumhari is chuppi aur khamoshi ko bhi samajh le.

Toh kya tab bhi tum ise khamoshi kahoge ?

Asal me 'khamoshi' hai hi nahi.

Bas nahi hai toh woh joh is khamosh dil ko

padh paye, samajh paye, mehsus kar paye.

Shayad tab. . .

Khamoshi, Khamoshi na rahe.

Yaadein

Agar haar bhi gaye khudko aapke pyaar me,
toh koi gham nahi.
Bas aapki yaado ko humse dur kar paana,
ab iss dil ke bas me nahi.

Dhalta Hua Suraj

Kabhi dosto me apni hasee dhund leta hoon.

Toh kabhi kitabo me apni kahaniya.

Kabhi gaano se apne dard baatt leta hoon.

Toh kabhi sher-o-shayari se apne galtiya.

Sochta hoon.

Har sawera ek nayi shuruwat ki raah dikhayega.

Lekin dhalti sham ka taqdeer tumhe firse usi manjil leke aayega.

Ab toh itni si hai

iss dard-e-dil ki tamanna.

Uss dhalti shaam ke aasmaan ko bana loon

dil-o-jaan se ab apna.

Nilaam

Arz kiya hai.
Agar sirf guf-ta-gu hi karni thi toh
dillagi ka naatak kyun kiya.
Sirf do hi din ka saath nibhana tha toh
saat janmo ka waada kyun diya.
Ae jaan-e-bahaar.
Dil-e-jahaan.
Agar dil ka sauda hi karna tha
toh mere rooh ke saath saath
mere iss jism ko bhi
nilaam kyun nahi kar daala.

Beh-Wah-Koof

Be-wah-koof the hum
joh yeh yakeen kar baithe ki
aapko humse pyaar hai.
Aur ab bhi be-wah-koof hai hum
joh yeh maante hai ki
ab bhi aapko humse pyaar hai.
Kya be-wah-koof-i ko hi pyaar kehte hai ?
Kyunki dimaag se kiye kaam ko toh hum wyapaar maante hai.
Agar tumhe dil se pyaar karna aur ab bhi karte rehna
Be-wah-koof-i hai
toh hum be-wah-koof hi sahi.

Aji Sunti Ho

Khule baalo me aake
yun keher na barsaya karo.
Dil qambakht bohut kamjor hai
yun usey fisalne ke liye majboor na kiya karo.
Jhuki jhuki aakho se
hume aise dekha na karo.
Suna tha pyaar ek hi baar hota hai
Yun baar-baar, har roz
humein tumhare pyaar me girwakar
unn gaalibo ka kaha jhootha na bataya karo.

Toufa

Apne us tute rishte ko

ishq ka naam deke

uski touhin naa kijiye.

Woh ishq nahi fareb tha

yun farebi ko

ashiqui ka naam naa dijiye.

Ishq toh khuda ka ek nayaab toufaa hai.

Fareb insaano ka banaya jaal.

Yun ishq ko fareb me liptokar

Khuda ke toufe ka apmaan na kijiye.

Musafir

Waise toh
kisi benaam samundar me khoye us nao ke
'Musaafir the hum.'
Lekin jab aapka humari zindagi me aana hua
aur aake yun jaana hua.
Tab usi khoye naao ke doobte
'Sitaare ban gaye hum.'
Lekin yeh sitaara bhi kahaa
apni fitrat bhula hoga
Dekho na kaise khule aasmaan me
Sitaaro ke beech sitaara hokar bhi
Khudko akela paakar
'Musaafir kehta hoga.'

Chaandni Ka Chaand

Yun toh dekhne ko hazaro taare hai aasmaan me.
Lekin aakhe bhala kyun us chand ko hi dhoonde.
Yeh inn akho ka pyaar hai
yaa fir us chaand ki sundarta.
Yeh bhala koi kaise jaane.
Yun toh roz-roz kaha mulaqat ho paati hai unse.
Kabhi pandhra dino ki andheri duriya,
toh kabhi kaale baadlo ki hulchul
hoti hai aasmaan me.
Lekin jab bhi unse rubaru hone ka mauqa mila hai
toh samay ka pahaar
aur intezaar ki gehti nadiya bhi
choti lagti hai humein.

Ayeena

*Kabhi humari nazro ko
apna ayeena banayyiga .
Aap humare liye kisi hoor se kam nahi
yeh aapke zehen ko
Samajh me aa jayega.
Ayeena sach dikhata hai. Sach ka koi rang nahi hota.
Hum aapse itna mohabbat karte hai.
Jitna kisi se tola nahi jaa sakta.
Hum fir kahenge, baar-baar kahenge,
humari aakho ko ek baar
apna ayeena banake toh dekhiye.
Inn aakho me basi duniya aapki hai
bas ek baar iss duniya ki hokar toh dekhiye.*

Dard Aur Dawaa

Pyaar woh dawaa hai
joh har dard ko bhula deti hai.
Lekin.
Jab wohi pyaar dard ka kaaran ban jaye
tab koi dawaa asar nahi dikhati hai.

Kaafi Arso Baad

Aaj kaafi arso baad
maine khudko usi jagah paya
jaha mein kabhi hua karta tha.
'Be-khoff, Be-parwahh'
uss pehli udaan bharte wale panchi ki tarah
Aaj kaafi arso baad
mein firse khudko mehsus kar paya
jaise pehle kabhi kiya karta tha
'Be-dhadak, Be-intehaan'
saal ki pehli barsaat ki tarah.

Kuch Kehna Hai

Kehne ko toh bohut kuch hai
par dil kehne ki haalat me nahi.
Bhavnaye toh bohut saari hai
par shabdo ki koi samajh nahi.
Arrey mein khamosh nahi,
dil me to sawalon ka toofaan dour raha hai.
Mera dil matlabi nahi
yeh toh chup rehke saare dard seh leta hai.

Dil-lagi

Aapse dil-lagi ka itna buraa
sabaq naa dijiye.
Aap pe dil haarne ki is galti ko
bhare bazaar me yun nilaam naa kijiye.

Kaash

Kaash waqt humara hota
rishta humara waqt ka ghulaam naa hota.
Tere kandhe pe mera siir hota
toh der raat tak yun bistar pe lete jaagaa na hota.
Aa ekbaar gale laga le
meri taraf ekbaar nazar ghumale.
Saaso me toh bas ab tera hi naam hai
tu hi sahar aur tu hi bei-maan hai.

Sach maan liya humne

Sach maan liya humne
tere dikhaye un jhoothe waado ko.
Sach maan liya humne
tere dilaye un jhoothe dilaso ko.
Saala dil qambakht naa samajh hai
use kaise samjhaye
bandh akho se dekhe sapne haqeeqat nahi,
yeh use kaise bataye.

Gustakhi

*Yun nazro ke saamne aane ki
gustakhi na kijiye.
Iss bandh darwaje dil ko dhadakne ka
firse mauka na dijiye.*

Tut-ta-Taara

*Tum woh tut-taa taara ho
jisse ab sirf dua maangi jaa sakti hai,
tham jaane ki ummeed nahi.*

Darr

Iss gareeb dil ko pyaar karne ka darr nahi.
Darr toh
pyaar ke badle pyaar naa milne ka hai.

Bada Asaan Tha Naa

Bada asaan tha na aapke liye
humein yun bich raste me chorke
aage badh jaana.
Bada asaan tha na aapke liye
humein yun aadhi raat akela jaagaa chorke
khud so jaana.
Bada asaan raha hoga aapke liye
humein diye unn sabhi waado ko todkar
kisi dusre ke saath apna ghar basana.
Batao na. . .
Bada asaan tha na ?

Kab Milenge Hum

Tab milenge hum.
Jab dhalte suraj ke saath-saath
chandni ka chaand bhi
aasmaan me roshni de raha hoga.
Tab milenge hum
Jab baarish ki boondo ke saath-saath
hawa ki leher bhi
zameen se takrakar hulchul macha rahi hogi.
Tab milenge hum.
Jab dilo me chahat ke saath-saath
Kabhi naa saath chorne wala waada
ghar kar raha hoga.
'Tab milenge hum'

Darr Lagta Hai Ab

Darr lagta hai ab
firse khudko tumhe sonp dena,
ki kahi tum firse chale naa jao.
Darr lagta hai ab
firse tere pyaar me par jaana,
ki kahi tum firse ise thukra naa jao.
Darr lagta hai ab
Firse tera haath pakarna,
ki kahi tum firse mera haath na chor jao.
Bas. . .
' Darr lagta hai ab '

Ujhli Raat

Tum kaale andhere raat ke
woh roshni ki kiran banke aaye
jiske baad maano
ujhaale se nafrat hi ho baithii.
Kyunki ab din ke ujhaale me
woh sukoon kaha
joh raat ka andhera mujhe baahe phelaye deta hai.

Panna

Bhale hi woh tumhari kahani ka ek bura panna tha,
toh kya tum apni hi kahani ko jeena chor doge.
Kya pata dusra panna tumhe tumhari raah dikha de.

Adhoori

Kuch kahaniya khatam nahi hoti,
adhoori reh jaati hai.
Jise pura karne ki tadap,
dil ke kisi-na-kisi kone me,
zaroor reh jaati hai.

Shamiyana

Tere aakho ke shamiyane me
iss kadar kho gaye the hum.
Ab pata nahi chal raha,
jee bhi rahe hai
yaa mar chuke hai hum.

Baarish

Ajeeb hai yeh baarish.
Kahi koi iske thamne ka intezaar karti hai
toh kahi koi iske aane ki khwahish.
Kabhi yeh kisiki yaadein laati hai
toh kabhi unhi yaado ko bhulne ka sahara.
Yeh ek peh-gaam laati hai
chahe kitni hi dhoop ka saamna kyun na karna pare
ek din baarish tumhare liye
thande aas ki fuhaar zaroor layegi.
Tum baarish se pyaar karo chahe na karo,
yeh tumhe pyaar karna zaroor sikhayegi.

Akele Akelaa

Kabhi thandi hawa ke jhoke ko mehsus kiya hai ?
Kabhi aasmaan me dekh apne aap ko mehfuz mehsus kiya hai ?
Kabhi nange per do kadam chalke toh dekho,
Kabhi khali per behti nadi me duboke toh dekho.
Aakhe kholo aur sunne ki kaushish toh karo.
Yeh wadiya tumse kuch kehna chahti hai.
Yeh nadiya tumse kuch maangna chahti hai.
Inhe apna bana lo.
Inhe tumhara ban jaane do.
Yeh nafrat nahi,
pyaar karna sikhati hai.
Inhe apna dost bana lo
Inhe apna pyaar bana lo.

Dhaage

Ab toh itne ulajh se gaye hai dono dhaage,
lagta hai jaise unhe waise hi rehne de.
Darr hai ki kahi sulaj gaye toh
alag ho jayenge.
Uljhe rehne de toh unke
saath hone ki galat-femii me
zindagi bhi jee jayenge.

Reth

Kismat ke dhaage kuch
iss tarah toote,
pyaar bhi zor naa paya.
Waqt ka kaata kuch
iss tarah beeta
mohabbat bhi rok naa paya.
Galti na toh kismat ki thi,
naa waqt ka tha.
Kyunki dono humare haath me kaha tha.
Haatho me toh bas mutthi bhar chahat thi
joh reth ki tarah fisalta chala gaya
aur hum unhe samet sake
woo khuda ko bhi kaha gawara tha.

Garajte Baadal

Garajte huye baadal ko kya pata
mere dil me uthe
uss toofaan ke baare me.
Machalti aag ki chingari ko kya pata
mere seene me behti
uss lahoo ke samundar ke baare me.
Baadal bhi suraj ke nikalne par garajna bandh kar deta hai.
Aag bhi paani se takrane par keherna bandh kar deta hai.
Lekin uss toofaan ke tabahi ko kaun roke.
Uss lahoo ke samundar ko behne se kaun roke.
Hum toh ab apna sab kuch hai haar chuke.
Kya kisi me himmat hai joh ab inko roke.

Mohalle Ka Baazar

Kuch kahaniya adhoori reh jaati hai.
Kuch alfaaz hotho par dabi reh jaati hai.
Kisika saath chuth jaata hai
toh kisike waade purey nahi ho pate hai.
Lekin. . .
Unn haseen yaado ka kya kare hum,
joh bhulaye nahi bhulte idhar.
Unn dard ke ashuo ko kaise roke hum,
joh chupaye nahi chupte idhar.
Unn be-naam galliyon me khoye
us aashiq ka kya kare hum,
Jiski dil-lagi ka jalajaa nikaalne,
purey mohalle ka bazaar baitha hai idhar.

Dil-O-Jaan

Kabhi dosto me apni hasee dhundh leta hoon.
Toh kabhi kitaabo me apni kahaniyaa.
Kabhi gaano se apne dard baatt leta hoon.
Toh kabhi sher-o-shayari se apni galtiyaa.
Sochta hoon har sawera
ek nayi shuruwat ki raah dikhayega,
lekin dhalti shaam ka taqdeer
tumhe firse usi manzil leke aayega.
Ab toh itni si hai
iss dard-e-dil ki tamanna.
Uss dhalti shaam ke aasmaan ko bana loo
dil-o-jaan ab apna.

Besumaar Dhaga

Rishta toh kabka toot gaya tha,
Zoora tha toh khwab aur yakeen ka ek
besumaar dhaaga.
Lo aaj who dhaaga bhi toot gaya,
ab us toote dhaage ko sametke rakhu
Yeh mere haq me kaha.

Guldastaa

Jab pehli baar
tumne mujhe gulaab ka guldastaa diya,
toh mujhe kaha pata tha

unme chipe kaate mujhe itne ghao de jayenge

Aashu

Chalo agli baar koi yeh nahi keh payega,
ki inn akho ko dekhkar unme doob jaane ka mann karta hai.
Kyunki saare aashu toh kabka behkar sukh chuke hai.

Kahani

Aap ke hisse ka dard toh sabne dekh liya
ab koyi humari hisse ki kahani bhi sun le.
Shayad choth us dard se jyada iss kahani me ho.

Khaamosh Dil

Khamoshi ko kisiki chuppi mat samajhna.
Khamosh dil ki cheekh insaan ko
raat-raat bhar jagaa bhi sakti hai
aur maar bhi.
Khamosh dil ko kaano ki nahi
aakho ki taalash hai.
Woh aakhe joh uski chuppi ko
todh paye, samajh paye, mehsus kar paye,
uske sawalon ka jawab dhundh paye.
Ek khamosh dil ke paas bolne ko toh bohut kuch hai.
Fark sirf itna hai.
Sunne waale toh lakho hai bazaar me,
lekin samajhne wala koi nahi iss jahaan me.

Khamosh Dil

Khamoshi ko kisiki chuppi mat samajhna.
Khamosh dil ki cheekh insaan ko
raat-raat bhar jagaa bhi sakti hai
aur maar bhi.
Khamosh dil ko kaano ki nahi
aakho ki taalash hai.
Woh aakhe joh uski chuppi ko
todh paye, samajh paye, mehsus kar paye,
uske sawalon ka jawab dhundh paye.
Ek khamosh dil ke paas bolne ko toh bohut kuch hai.
Fark sirf itna hai.
Sunne waale toh lakho hai bazaar me,
lekin samajhne wala koi nahi iss jahaan me.